Bauer und Barth

WarriorWays

story.one – Life is a story

story.one

1st edition 2024

Production, design and conception:
story.one publishing - www.story.one
A brand of Storylution GmbH

Font set from Minion Pro, Lato and Merriweather.

js.veggy.coaching Ernährungsberatung Barth WarriorWayPT Personal Training for Medical Fitness und Firmenfitness Bauer Louisenstraße 103 61348 Bad Homburg
www.jsveggycoaching.de

ISBN: 978-3-7115-3366-1

www.jsveggycoaching.de/warriorways

Achte auf die Zeichen und finde die passenden Schlüsselwörter!

Der kleine Forscher hilft dir beim Finden der richtigen Lösung und fordert dich mit fantastischen Rätseln heraus.

INHALT

Sirius
Romulus und Remus wurden von einem _ _ _ _ aufgezogen. Der Name des Tieres war Lupa Capitolina.
SIRIUS

Sirius

Sebastian

Ich bin der Überraschungsgast. Immer schon. Deswegen starten wir am Anfang.
Ich bin ungefähr ein halbes Jahr im Bauch meiner Mam gewachsen, als ihr der Frauenarzt von mir erzählt. Sie wirkt schon ein bisschen überrascht.
Ich werde geboren, erblicke kurz das Licht der Welt - doch dann nimmt mich die Finsternis gefangen und bettet mich in den grauen Dunst der Unsicherheit.
Ich werde älter und lerne sie lieben, die Dunkelheit. Sie beschützt mich vor der Finsternis der Seelen um mich herum. Ich werde älter, aber ich wachse nicht.
Es ist eine trügerische Liebe, denn des Tages ist es unsicher, des Nachts jedoch sicher. Das Monster. Es kommt pünktlich, es raubt meinen Schlaf, meinen Hunger, meinen Körper, meinen Geist.
Und Sekunde um Sekunde kommt mein Innerstes mehr in Schwingung. Erst ist es nur ein leiser Windhauch, bald ein ohrenbetäubender Sturm, der die Glut meiner Wut zu einem knis-

ternden Feuer entfacht.
Ich bin klein, aber stark. Und ich werde stärker. Nacht für Nacht. In der Dunkelheit, durch die Finsternis, mit der Endlosigkeit.
Sie hat mir ein Geschenk gemacht, damals, als sie mich zu sich nahm. Sie gab mir das Licht der Sterne. Und immer wenn ich meinen Kopf in den Nacken lege und in die Unendlichkeit blicke, weiß ich, dass ich eines Tages frei sein kann.

Wir alle haben mit unserer eigenen Dunkelheit zu kämpfen. Sie kann uns in die Knie zwingen oder uns dazu treiben, nach den Sternen zu greifen. Wer trifft die Wahl?
Zeit, deine Gedanken ziehen zu lassen und auf einem Extrablatt aus deinem Kopf herauszuschreiben. Du wirst überrascht sein, was dabei herauskommt!
Der Schlüssel zur Erkenntnis ist die Aufrichtigkeit. Und das betrifft vor allem uns selbst. Nur wer alte Zwänge loslässt, kann gereinigt in eine neue Zukunft blicken. Und weil Ehrlichkeit sich selbst gegenüber eine der schwersten Lebensaufgaben ist, gehen wir mit WarriorWays als Beispiel voran.

Folge Fortuna

Entscheide, ob du die Geschichte lieber in einem Zug liest oder zwischendurch aussteigst, das Unbekannte erkundest und neue Skills sammelst.

Vor jedem Abschnitt findest du einen Einblick in ein mysteriöses Portal im Netz, das dich zu weiteren Kapiteln der WarriorWays-Saga führt und dich mit berühmten und oft auch weniger berühmten Göttern der alten Griechen, Römer und Nordmänner zusammenbringt.

Begleitet wirst du vom Licht der Sterne, allerhand mythischer Gestalten, göttlichen Himmelskörpern und der ein oder anderen realen Persönlichkeit aus der Wissenschaft, die dir die Magie der Zusammenhänge vor Augen führen und dich in Schwingung bringen. Halte dich an den kleinen Forscher, hüte dich vor dem Auge des Kriegers und achte den Blick der Wächterin.

Unsere Heldenreise beginnt so tragisch, wie Orpheus in Martials 'Liber de spectaculis' endet und deshalb bitten wir dich, das Buch nur zu lesen, wenn du dich bereit dazu fühlst, damit du nicht von deinem inneren Bären gefressen wirst.

Für *alle*, *die das* Leuchten der Sterne *noch* sehen *können*!

Finde die erste Seite von
„Warrior's Wildem Wegproviant"

Ankommen erfordert _ _ _ _ _ _ _ _ _!
An welchem Punkt startest du?

Life's a t(h)reat

Jana

"Sie sehen so aus, als könnten sie einen Keks gebrauchen!", stelle ich fest und strecke einer älteren Lady mit aufmunterndem Lächeln eine Packung Haferkekse mit Schokoüberzug entgegen. Die Falten auf ihrer Stirn glätten sich und ich sehe, wie sich ihre Brust kurz stärker anhebt, um gleich darauf mit dem Stress abzufallen.

Sie erwidert mein Lächeln und greift nach dem Keks. "Was lesen sie da?", fragt sie mich und mustert mich mit nun wacheren Augen. "Peseschkian. Haben Sie schon mal etwas von ihm gelesen?". Die Dame schüttelt langsam den Kopf. Ich halte ihr nochmal die Kekspackung hin und sie greift zu. Ich ebenfalls. Damit ist die Sache für mich abgeschlossen und ich wende mich wieder meinem Buch zu.

"Ist es interessant?"

"Bitte?"

"Das Buch. Ob es interessant ist?"

"Ohja, es gefällt mir sehr gut."

So langsam beschleicht mich ja das Gefühl, dass die gute Frau eine Unterhaltung führen möchte. Ich tippe darauf, dass sie mir gleich von ihrem emotionalen Ballast erzählen wird und ich spüre, wie mein Magen sich zusammenzieht, während mein Hirn unnachgiebig nach Zucker verlangt.

"Wissen Sie, früher ... früher habe ich auch gern gelesen. Und dann kam mir das Leben dazwischen.", seufzt meine Mitreisende und bedeutet mir, ihr nochmal einen Keks anzubieten. Ich folge und höre zu. Das Zugabteil löst sich auf und mit jedem Wort entferne ich mich weiter von meiner Realität. Psyche wiegt mich in ihren Armen der Vertrautheit, bevor sie mich Minerva übergibt und Lucina mich an meine Aufgabe erinnert.

Ich sitze in einem Zug. Allein. Mit einem Koffer mit den wichtigsten Habseligkeiten. Auf dem Weg ins Ungewisse. Mit Haferkeksen mit Schokoüberzug. Und einer Bäckereifachangestellten, deren Lebensgeschichte ich jetzt fühle. Und die ihrer Katzen. Ich beschließe, ihr das Buch zu geben, wenn ich es fertig gelesen habe. Es ist noch eine lange Fahrt.

Gefühlsfutter

Ist dir schon mal aufgefallen, dass bestimmte Situationen, bestimmte Lebensmittel besonders anziehend finden? Ist das nicht irgendwie merkwürdig? Doch bevor wir uns auf die Suche nach dem Grund machen, lass uns erstmal herausfinden, worauf deine Gefühle besonders großen Appetit haben.

Wenn ich glücklich bin, esse ich
Wenn ich traurig bin, esse ich
Wenn ich wütend bin, esse ich
Wenn ich ängstlich bin, esse ich

Die Nahrungsmittelauswahl und der Appetit können uns viel darüber verraten, wie es uns wirklich geht und welche Momente für unser Gehirn besonders stressig sind. Beantworte für dich!

Ich esse ohne Limit, wenn
Ich habe keinen Appetit, wenn
Ich kriege nichts runter, wenn
Ich werde nicht satt, wenn
Ich bekomme Sodbrennen, wenn
Mir wird übel, wenn

Triff Minerva auf Sirius!

VENUS
Um deine Träume zu verwirklichen,
brauchst du _ _ _

Venus

Sebastian

Ich bin jünger, aber ich bin clever. Ich weiß, dass ich mich durchbeißen muss, wenn ich die Dunkelheit abhängen und im Strahlen des Universums auf die Schönheit der Erde herabblicken will.
In Frieden, fern von der Schwärze in den Herzen der Menschen. *Eines Tages, liebe Sterne, werde ich mit euch fliegen*, verspreche ich, beiße die Zähne zusammen und behaupte mich.
Ich bin sechs. Ich gehe in die erste Klasse. Ich habe eine Vorliebe für Mathematik und Physik. Ich bin klein. Ich brauche eine Brille, die ich nicht trage. Ich arbeite täglich hart an meiner Aussprache. Ich ertrage, was ich zu ertragen habe. Ich verstecke mich bei Nacht und glänze am Tage aus meiner Dunkelheit heraus wie ein verlassenes Glühwürmchen. Ich trotze den Peinigern und blute für die Schwachen. Ich bin tapfer. Ich vergieße keine Tränen. *Denn eines Tages, eines Tages flieg' ich zu den Sternen.*

Ich werde älter und bin doch der Jüngste. Meine Anstrengungen scheinen sich bezahlt zu

machen.
Ich bin zehn. Ich kann mir aussuchen, auf welches Gymnasium ich gehen werde. Ich wusste es schon immer. Als die Finsternis mich gefangen nahm, schenkte sie mir im Gegenzug das Wichtigste in meinem Leben. Das Leuchten der Sterne. Die Beständigkeit. Die Sicherheit. Die Gewissheit, dass da wer ist. Abermillionen Seelen, die über mich wachen, wenn es auf der Erde keiner tut. Sie bewahren das Licht, das man versucht, in mir auszulöschen.
Mein Kopf steckt voller Visionen. Geboren im Morast, habe ich mich erhoben, um das Undenkbare möglich zu machen. Das fünfte Kind, der letzte Sohn. Der Geist, der die Last seines Erbes brechen und schlussendlich auferstehen wird. Ich bin kurz davor, Hels Hände loszulassen und weiterzuwandern. Ich habe eine Dekade überlebt, zehn Jahre mit der Finsternis im Nacken meinen Weg zu den Sternen bestritten und mein Herz brennt vor Erwartung. Mein hagerer Körper ächzt unter der Last des Lebens, gleichwohl trägt er mich zuverlässig durch den Sturm meiner Welt. Nach jedem Unwetter folgt Sonnenschein und ich habe schon lange gelernt, dass Schmerz vergänglich ist.

Vision vs Reality

Was unterscheidet deine Vorstellung von einem idealen Leben zu deiner jetzigen Realität?

Welchen Einfluss hat deine Kindheit auf den Verlauf deines Lebens? (3 Stichpunkte)

Welche Vision hast du bereits in die Realität umgesetzt?

Wann flüchtest du aus der Realität?

Schon mal vom Placebo-Effekt oder der Selbsterfüllenden Prophezeiung gehört?
Mach's wie der kleine Forscher und begib dich auf Recherchereise!

Extrablatt:
Gedanken ziehen lassen: was wäre jetzt anders, wenn du das Leben führen würdest, das du dir als Kind gewünscht hast?

Um anzukommen,
musst du
__________!

Bittersweet(s)

Jana

Die Stadt zieht an mir vorbei und mein Blick verliert sich in den glänzenden Punkten, die ein Mosaik aus Tausend Prismen an die kalte Zugscheibe zaubern. Erst sind es die Lichter aus den Fenstern der vorbeiziehenden Zivilisation, dann die Beleuchtung im Industriegebiet und schließlich strecken die Sterne ihre strahlenden Hände nach mir aus.
Meine Gedanken verlieren sich im Gewirr der Farben, das Beben in meinem rechten Bein lässt nach und verspricht, die Anspannung mit sich zu nehmen. Die träge, vom Zug erstickte Luft drückt sich unbarmherzig in meine Brust und zwingt mich, von ihr zu kosten. Sie für den Moment zu halten, zu spüren und dann wieder ziehen zu lassen.
Durch den Schatten meiner Wimpern sehe ich noch, wie das Prisma langsam verblasst und die Dunkelheit des Waldes meinen Zug verschluckt.
"Eigentlich redet man da ja nicht so drüber. Aber ich muss jetzt mal eben was loswerden.", die glockenhelle Stimme setzt mein Herz so

plötzlich wieder unter Strom, dass mein Körper sich kurz vom unbequemen Bahnsitz löst. Ich kann sie so deutlich hören, als säße sie jetzt gerade neben mir.

Dieses Gefühl des Unbehagens kriecht durch mein Mark, nagt an meinen Knochen, bohrt sich in meinen Magen. "Ich habe schon fünf Kilo abgenommen, aber keiner sieht das. In meiner Familie nimmt mich damit keiner ernst, die lachen nur über mich. Ich versuche, mich mehr zu bewegen, sie sagen, ich spinne. Und wenn ich es wage, zu sagen, ich möchte mich gerne anders ernähren, weil ich mich einfach nicht wohlfühle und meinen Alltag nicht gut bewältigen kann, ist Oma traurig, Mama beleidigt und Papa wütend. Mein Bruder versteht sowieso nichts und ich mach' mir echt Sorgen, dass der bald Diabetes kriegt, so fett wie der wird. Und dann diese ständige Diskussion wegen der Katzen. Ich mein, da geh' ich am Wochenende schon Bedienen und verbrenne dabei Kalorien und spare Geld für die Kastration und Papa wirft die Babys trotzdem jede Saison in die Iller, weil ich halt leider nicht immer alle erwische. Und dann die Schule. Ich muss so viel lernen, damit ich einigermaßen durchkomme und ich weiß einfach nicht mehr, wo mir der Kopf steht. Und na ja, du weißt ja selber,

wie es hier so zugeht ... und was sie über mich sagen."
Tatyana. Sie war meine Klassenkameradin. Ein allgäuer Landmädel. Etwa 1,60 Meter groß und zum tatsächlichen Zeitpunkt des Gesprächs 90 Kilo schwer. Eine Kämpferin. Ich weiß nicht, wie ihr Weg weiterging. Ich habe sie alle zurückgelassen.
Die Erinnerung verweht, nur das Gefühl bleibt. Das Brechen des Tabus. Die Hilfslosigkeit gegenüber der Hilfslosen. Die Scham, mit der die Themen Gewalt, Adipositas und Mobbing behaftet sind.
Meine Finger zittern immer noch, eine kleine Träne rollt langsam über meine Wange. Das Licht des ersten Tages verfängt sich darin und wirft einen kleinen Lichtpunkt auf meine Finger. Ab einem gewissen Alter haben wir es alle selbst in der Hand.

Wie war die Esskultur in deiner Familie?

Extrablatt

Was konntest du aus Tatyanas Geschichte mitnehmen?

Was würdest du Tatyana sagen?

Immer wenn du
dich wieder

Grounded

Sebastian

Ich werde geschickter, aber ich altere zu langsam. Pap sagt, ich solle besser etwas Gscheites werden. Ein richtiger Mann. So wie er. Er ist schließlich sehr erfolgreich in seinem Beruf. Zumindest glaubt er das im richtigen Zustand, während Mam sich um die Brötchen und alles andere kümmert.

Je besser ich werde, desto wütender wird Pap und inzwischen habe ich meinen Spaß daran gefunden. Ich sammle Sternchen um Sternchen und erkenne allmählich die Verbindungen. Von Stunde zu Stunde verstehe ich mehr von der Welt und weniger von meiner Familie.

Falsch gelandet. Ich sehe ihnen ähnlich, meinen Geschwistern, doch ich gehöre nicht dazu. Ich bin ein Außenstehender, der verzweifelt versucht, sie aus dem Strudel ihrer Entscheidungen zu retten und ich weiß, es ist aussichtslos.

In der Hoffnung, uns alle zu retten, gehe ich einsam meinen Weg. Vorbei an Lehrern, Direktoren, Jugendamtmitarbeitern. Ich laufe an ihnen vorbei und sie sehen durch mich hindurch.

Und heute ist der erste Tag auf meiner neuen Schule. Zeit, aus dem Schatten zu treten und der Welt mein Strahlen zu offenbaren. Ich werde heller leuchten als die Venus und nie wieder wird mich jemand übersehen!
Ich laufe am Musikgymnasium vorbei. Dahin wollte ich sowieso nicht gehen. Ich liebe zwar Musik, aber ich spiele kein Instrument. An der Ecke ist das Sprachgymnasium. Ich laufe daran vorbei.
Mein Herz pocht so laut, dass es fast aus meinem Mund heraus hüpft. Ich gehe am Zaun des Natur- und Technikgymnasiums entlang. Meine Finger gleiten übers warme Metall. Meine Augen füllen sich zum ersten Mal seit Jahren mit Tränen.
Eines Tages, eines Tages, liebe Sterne, fliege ich mit euch, verspreche ich.
Nur noch wenige Schritte trennen mich von meiner Zukunft. Das Knistern in meiner Brust wächst zu einem bedrohlichen Lodern heran. Ich wische mir das Gesicht trocken, setze mein Pokerface auf und biege auf den Schulhof der Hauptschule ein. Ich bin zehn Jahre alt. Ich habe beinahe mein halbes Leben für etwas gearbeitet, wogegen sich Willkür entschieden hat. Ich bin zehn Jahre alt und das Leben, das mich hätte retten können, ist vorbei.

Entscheidungen und Ohnmacht

Kinder sind oftmals der Entscheidung ihrer Bezugspersonen und leider oft Erwachsenen im Allgemeinen schutzlos ausgeliefert. Ob hier böse Absicht vorliegt oder Unachtsamkeit, Missverständnis, innere Motive oder sozialer Druck ist für das Kind irrelevant. Überleg' mal, wie das bei dir war.

Ich habe als Kind ________________ Entscheidungen getroffen.

Mit den Entscheidungen meiner Bezugspersonen bin ich ________________.

Die Entscheidung von ________________, hat dazu geführt, dass ________________________.

Wer entscheidet jetzt über dein Leben? ______

Wut ist ein wichtiges Gefühl, das sich oft zeigt, wenn Bedürfnisse unbefriedigt oder Wünsche und Erwartungen unerfüllt bleiben. Es dient der Abgrenzung und sichert die Unversehrtheit des Individuums. So wertvoll Wut ist, so zerstörerisch kann sie aber auch sein. Deswegen lohnt es sich, sie mal richtig kennenzulernen. Notiere auf der ersten Notizseite einen klassischen Spruch, der dich als Kind zur Weißglut gebracht hat und ermittle den zugehörigen Glaubenssatz.

Der Schlüssel zur
Selbsterkenntnis

_ _ _ _ _ _ _ _ _ _ _ _ _ _ _ _

Mithras

Jana

Selbst in der Hand... Meine Aufmerksamkeit folgt dem Licht, bis es mich völlig ergriffen hat und meine Hände orientierungslos in die Leere greifen.
"Es ist eine persönliche Entscheidung. Es geht um Ethik. Es geht um Sozialgefüge. Es geht um Berufung. Es geht um Status." Durch die Ewigkeit des Lichts bricht eine altbekannte Stimme aus längst vergangenen Tagen. Aus einem gelebten Leben.
Die behutsame Tiefe Nicoles Timbres bringt die Wand aus Licht zum Bröckeln und der Duft von altem Leder, Bergwiese und Kuh kitzelt meine Nasenspitze. "Schau, in meinem Berufsfeld haben wir jeden Tag mit den Tieren zu tun, die wir essen - auch ich. Wir geben unser Bestes, damit es ihnen so lange gut geht, bis sie den Betrieb verlassen und darüber hinaus. In dieser Zeit arbeiten wir nicht nur mit den Tieren, sondern auch mit Menschen."
Das Licht zerspringt wie Glas und regnet auf die Szenerie herab. Ich sitze wieder mit Nicole in ihrem Landrover, an meinen Fingern klebt

noch ein bisschen Blut und etwas worüber ich nicht nachdenken möchte. Wir fahren gerade von der einen Tragödie in den oberallgäuer Bergen zur nächsten.
"Wir sehen Leid wie gerade eben und wir sind wütend. Wütend, weil es Dinge gibt, die einfach nicht sein müssen. Doch damit will ich jetzt gar nicht anfangen. Es gibt sie, diese schlimmen Höfe. Aber es gibt auch die Landwirte, die mit Herz dabei sind, deren Arbeit ihr Lebensinhalt ist und auch für diejenigen arbeite ich, arbeiten wir.
Manchmal ist es nötig, Kompromisse einzugehen, um einen Mittelweg zu finden. Ist es nicht besser, wenn **alle** ans Ziel kommen, als die wenigen Sternchen zu verehren, die die Masse in ihrem Schatten erdrücken? Als Beispiel: Ich weiß, du hast deine Gründe, Vegetarierin zu sein, aber hast du schon mal über *deinen* Tellerrand hinausgeschaut?
Einer meiner Kollegen, ich glaube, er ist schon tausend Jahre Landtierarzt, verzichtet bereits über sein halbes Leben privat auf Fleisch. Wenn ihm nun aber ein Kunde zum Essen einlädt, isst er das servierte Steak der hofeigenen Tiere.
Das hat auf mich erstmal sehr komisch gewirkt und da habe ich natürlich gefragt. Er hat nur geschmunzelt und gemeint: "Ach, kleine Nicole,

ich arbeite beruflich mit dem Leben und dem Tod. Ich arbeite für Tier und Mensch. Ich habe mich für diesen Beruf entschieden und ich habe Respekt vor der Arbeit der Landwirte. Was wäre ich nun für ein Heuchler, würde ich die Speisen nicht essen, die sie mit mir gemeinsam auf den Tisch gebracht haben?".
Der Motor verstummt und wir sitzen einen Moment schweigend in den weichen Sitzen. Das Adrenalin tobt durch unsere Körper und kleine Perlen zieren als stumme Zeugen des Siechtums die Wimpernkränze. Diesmal haben wir den Kampf verloren. Ein Gefecht in einem Krieg, der schon vor der Geburt vergebens war. Für Philosophie bleibt uns nicht die Zeit, denn die nächste Schlacht steht an. Wir öffnen die Türen und ...
ich sitze immer noch in meinem Zugabteil. Tod im Moment, doch lebendig in der Erinnerung. Dem anbrechenden Tag entgegen. Mein neues Leben, kein neuer Krieg.

Gedankenreise: Ich lade dich ein, jetzt deine Augen zu schließen und dich mal in jede dieser Personen einzeln hineinzufühlen.

Flares
Auf den _ _ _
folgt die Ruhe

Flares

Sebastian

Ich bin menschenverlassen. Die Dunkelheit hat mich betrogen. Ihr kostbares Geschenk, die Sterne, nichts als Lügen. Wer war ich, zu denken, ich hätte eine Chance? Wer war ich nur, zu glauben, sie würde mich je loslassen?
In Gedanken war ich der Sonne so nah, dass meine Flügel Feuer fingen und ich als Asche auf die Erde hernieder fiel.
Ich habe mein Leben verloren und irre im Nichts. Weiß kaum noch, ob ich tot oder lebendig bin und gebe es auf, darüber nachzudenken. Es bleibt sich gleich.
Ich bin ein Kind, verloren im bayrischen Wald, und ich habe Hunger. Ich bin ein Kind der Nacht. Ich schlafe nicht, denn Schlaf ist nicht sicher. Ich gehe nicht zur Schule, denn dort wird mir übel. Die Perspektivlosigkeit schnürt mir die Luft ab, doch die neu entfachte Glut in meiner Brust wächst unaufhörlich. Ich habe die Wut als jüngste Begleitung akzeptiert. Sie setzt die Dunkelheit mit mir in Flammen und fordert Rache für geraubtes Leben.
Ich bin ein Kind ohne Heimat und ich steige

gerade ins E-Gaming ein. Ich bin arm, aber ideenreich. Es ist aussichtslos, aber ich bin hartnäckig. Ich schleiche, fokussiere, drücke den Abzug. Ich mache meinen Ausgleichssport. Ich achte auf meine Ernährung. Ich muss zu jeder Zeit voll konzentriert sein; die Flammen in meinem Inneren kontrollieren lernen, um dem Sumpf der Bedeutungslosigkeit zu entfliehen und eines Tages meine Geschwister zu befreien.

Ich bin mit Mam umgezogen. Einen Moment erinnerte ich mich an das gleißende Licht der Sterne. Die Internetverbindung ist schlecht. Mein Zauber erlischt und ein weiterer Traum entrinnt wachszäh meinen kalten Händen. Der Funken Hoffnung fällt im Angesicht der Unendlichkeit.
Ich gehe auf eine neue Schule, die ich nicht besuche. Ich habe den Nachbarsjungen kennengelernt. Er teilt sein Netzwerk mit mir. So leicht gebe ich nicht auf. Ich bin ein Stehaufmännchen. Unkaputtbar, zerbrochen. Ich mag den Knaben. Er hat sich eine kindliche Naivität erhalten, die Zuversicht auf Leben. Er hat mir ein paar Geschichten erzählt. Er sagt: "Scheiß auf die Sterne, wir erobern die Welt!" und ich habe nichts zu verlieren.

Was war die größte Veränderung in deiner Kindheit?

Hast du die Veränderung positiv oder negativ erlebt?

Wie stehst du Veränderungen heute gegenüber?

Wie bist du als Kind mit Veränderungen umgegangen, wie tust du es heute?

Wenn man in einer Sackgasse ist, hat man mehrere Möglichkeiten. Man kann einen Ausweg suchen, über die Mauer klettern, zurücklaufen oder sich auf den Boden legen und aufgeben.

Extrablatt:

Denk mal an unseren kleinen Kämpfer.
Was würdest du ihm raten?
Was würde er dir bezüglich deiner Situation wohl sagen?

Skøl und Hati

Der Schlüssel für deinen neuen Lebensabschnitt

Skøl und Hati

Sebastian

Die herbstschwere Luft füllt meine Lungen. Modrig. Dem Ende entgegen. Die Tagvögel sind verstummt. In der Ferne hallt das Echo einer Eule. Nebel liegt wie ein unheilvolles Tuch über dem Wald, bis vor kurzem der einzigen Heimat, die ich auf der Erde gefunden habe.
Ein Klacken. Ein Knistern. Die Flamme lodert in der Dunkelheit. Ich zünde meine Tüte an und schwärze meine Lunge. Ich komme oft hier raus. Wenn die Dunkelheit in meinem Zimmer mich zu zerquetschen droht, wenn die Gedanken in meinem Kopf keine Ruhe geben wollen, wenn ich Entscheidungen treffen muss.
Ich bin vierzehn Jahre alt, mein ausgezehrter Körper ist von Narben gezeichnet. Meine Träume erstickt durch die Dunkelheit, die Luft zu dick zum Atmen. Mein Feuer beinah erloschen.

Und doch ist mir ein Funkeln geblieben. Im Innersten glühe ich und diese Glut gilt es zu entfachen. Ich bin zäh und ich bin stark. Ich habe trainiert, geschwitzt, gekämpft, geblutet und habe stets Haltung bewahrt. Ich habe den

Schläger in die Hand genommen, bin aufs Eis gestiegen und habe mich verliebt.
Nicht in das Mädchen, mit dem ich vor ein paar Wochen mein erstes Mal hatte. Ich habe gefunden, wonach ich mein Leben lang gesucht habe, ein Zuhause. Das Eishockeyfeld. Mit neuem Glauben im Herzen richte ich meinen Blick den Sternen entgegen und treffe meine Entscheidung.
Ich bin der Überraschungsgast und heute hole ich mir zurück, was mir genommen wurde. Mein Leben liegt in Scherben, doch ich setze es wieder zusammen. Es liegt glitzernd in der Dunkelheit wie ein zerbrochener Kristall im Sternenlicht und der Phönix erhebt sich.

Es ist ein paar Tage her, dass ich ihm hier, an meinen Lieblingsstamm gelehnt, begegnet bin. Plötzlich tauchte er vor mir zwischen den Bäumen auf. Lautlos. Geisterhaft. Als wäre er aus einer anderen Welt zu mir getreten.
Mein Herz schlug so laut, dass ich fürchtete die Vögel aus dem Geäst aufzuschrecken. Ich habe vieles von über solche Wesen gehört, doch konnte ich mir das grauenhaft wohlige Gefühl nicht ausmalen, bevor sein unerbittlicher Blick mich traf. Im Glimmen des Joints sah ich sie. Die schwarzen Sterne auf seiner Brust, die Fins-

ternis in den Augen, den Teufel im Lächeln, ummantelt mit der Aura des Todes und ich wusste, er war gekommen, um mich zu retten.

Gedankenreise: Vorbilder und Führung können eine Hilfestellung sein, aber auch Gefahren bergen. Wie denkst du darüber? Nimm die Geschichte unseres kleinen Kämpfers gern als Grundlage deiner Reise.

Gibt es eine Entscheidung, die du bereust?

Was würdest du heute anders machen?

Was hast du daraus gelernt?

Wie leicht fällt es dir, Entscheidungen zu treffen?

Wie leicht fällt es dir, diese durchzuziehen?

Wie diszipliniert verfolgst du deine Ziele?

Jupiter

Die perfekte Zeit,
um den _ _ _ _ _ _ zu machen,
ist genau jetzt!

Jupiter

Sebastian

"Все вудет хорошо, маленький Принц!" Ich habe damals nicht verstanden, was er mir sagen wollte, aber ich verstehe, dass ich mich in einer schicksalshaften Situation befand. "Ich sehe das Feuer in dir brennen, du wirst dich beweisen und ich sorge dafür, dass du nie wieder Angst vor der Dunkelheit hast. Ich lasse dich Dinge träumen, die kein anderer wagen würde und zeige dir Wege gewaltigere Energie zu spüren als du dir je vorstellen konntest."

Ich bin sechzehn Jahre alt und ich entscheide über meine Zukunft. Eine Zukunft, die ich mir hart erkämpft habe und die ich nie wollte. Für die ich gelernt hatte, zu folgen. In dem Moment als ich ihm damals im Wald begegnete, wusste ich es. Er kann sie retten. Die Hoffnung. Und eines Tages wird er es mir beweisen.

Eine Zukunft, die jäh meine einzige wurde, nachdem eine gebrochene Schulter geschafft hatte, woran Scheuermann so hart gearbeitet hatte. Das Ende meiner Eishockeykarriere bereits in der A-Jugend.

Klack. Knister. Die Flamme schneidet eine le-

ckende Wunde in die Finsternis. Ich inhaliere den Rauch. Will ich überhaupt noch an die Hoffnung glauben?
Der Schmerz lässt nach, der Druck löst sich. Kurz bin ich den Sternen entgegengeflogen, ein Kämpfer auf dem Eis, schmal, wendig, unerbittlich. Die warme Erinnerung an harte Schlachten in vollen Stadien gefriert, als das Arschloch namens Scheuermann aufs Neue in meine Wirbel beißt und mich zusammengekauert auf dem kalten Boden zurücklässt wie die Gesellschaft.

"Du musst erst sterben, um zu überleben."
Ich puste den silbrig wirkenden Baumkronen einen Rauchkringel entgegen und überlege, ob ich dazu bereit bin. Habe ich denn eine Wahl? Ich kann in seinen Augen die Wahrheit lesen.
Er versprach mir Heimat. Familie. Ein Rudel, das gemeinsam mit mir durch die Nacht streift. Und er hat mich nie enttäuscht. Er ist mein Albtraum und meine Rettung, mein Fluch und mein Segen, mein Peiniger und mein Befreier. Der einzige Mann, zu dem ich je aufgesehen habe. Ich liege am Boden, geschlagen. Final.
Er reicht mir seine Hand.
"Ich hätte schon dutzende Möglichkeiten gehabt zu sterben. Warum sollte ich gerade diese wählen?", ich funkele ihn herausfordernd an.

Ein Lächeln umzuckt seine grauen Mundwinkel und kräuseln sich zu einer unheilvollen Grimasse. In seinen Augen lodert Höllenfeuer, das mich unwiderstehlich mit unaushaltbar heißen Fingern in seinen Bann zieht.
"Weil ich deine einzige Chance bin." Punkt, Satz und Sieg.
Und hier bin ich. Entschlossen, die Brücke zu überqueren. Ich musste nur ein paar Tage verstreichen lassen, um nicht zu wirken wie der kleine, lispelnde Nerd, den ich vor vier Jahren irgendwo in den Abgründen meiner Seele verscharrt hatte.
Ich drücke meinen Joint in den feuchten Waldboden. Mein Hinterkopf fällt dumpf gegen die Kastanienrinde. Meine Fingernägel graben sich ins weiche Moos.
"Weil er meine einzige Chance ist ...", flüstere ich in die Nacht hinein.

Wendepunkt Adoleszenz:

Wem öffnest du dich?
Was fühlst du?
Gefällt dir dein Spiegelbild?
Wer wirst du sein?

CONCORDIA

Wer nach Frieden sucht, muss lernen, seine eigenen_ _ _ _ _ _ _ _ _ _ _ _ zu hinterlassen.

Concordia

Jana

Krieg gegen mich selbst habe ich wahrlich genug geführt, denke ich, während mein Leben wie die Landschaft im Zugfenster vor meinem inneren Auge vorbeizieht. Eigentlich hat alles ganz harmlos angefangen. Ich bin als behütetes Kind einer mittelständischen Familie im pittoresken Herzen des Allgäus aufgewachsen.
Mir mangelte es an nichts und ich empfinde mich heute als sehr angenehmes Kind. Ich konnte stundenlang allein mit meinen Kuscheltieren oder Spielzeugpferdchen spielen, war gerne draußen und hatte zu allem eine Meinung, die ich stets willens- und lautstark vertreten habe. Mein Geschlecht war mir weitgehend egal und ich war sowohl Prinzessin als Pirat. Klingt doch super umgänglich, oder?
Würde ich in diesem Moment mein Handy aus der Tasche ziehen, die Nummer einer Mutter wählen und sie nach ihrer Meinung fragen, müsste ich mich wohl einer anderen Realität stellen. Und dazu bin ich aktuell nicht bereit. Ich weiß nicht, ob ich es jemals sein werde.
Selbsteinsicht ist eines der wichtigsten Ge-

schenke, die uns unser Leben machen kann. Das habe ich in den vergangenen Monaten bitter lernen müssen, denn ich habe nie zuvor in härteren Schlachten gekämpft.
In der Psychotherapie wird immer wieder mit dem inneren Kind, dem Freudschen "Es" gearbeitet und das hat auch mir am Tiefpunkt meines Lebens neue Perspektiven und vor allem endlich wieder eine Richtung für meine Lebenswege gezeigt.
So langsam beschleicht mich aber das Gefühl, dass das Kind mich im Kreis führt. Es hat mich an der Hand genommen und will mich in seinem Garten halten, mir erzählen, dass nichts, was mir in meinem Leben widerfahren ist, meine Schuld sein kann. Es findet tausend Gründe und Szenarien, die Beweisen, dass es bis heute ein Opfer der Umstände ist. Schutzlos, hilflos, auf Führung angewiesen.
Und je weiter ich fahre, je mehr Strecke ich zwischen mich und meinen Geburtsort bringe, desto mehr wird mir klar, dass das Kleine sich irrt. Dass auch das Kind im Inneren reifen kann, wenn ich ihm einen Spiegel vorhalte. Doch noch habe ich Angst, dass es an sich zerbricht.
Zu lange habe ich mich um mich selbst gedreht. Mir verwehrt, zu sein, wer ich war, zugunsten

etwas zu werden, das niemand von mir erwartete. Ich trieb in einem Sumpf aus erwartungsvoller Erwartungslosigkeit. Einerseits wurde große Hoffnung in mich gesetzt, anderseits wusste niemand so genau, worauf zu hoffen eigentlich sein möge.
Ohne Ziel verirrt man sich leicht und so verlor ich mich Schritt für Schritt selbst. Eins führte zum Anderen und ehe ich mich versah, war ich verheiratet mit einem Mann, den ich nicht lieben konnte, gefangen in einer Stadt, in der ich nicht leben wollte, in einem Berufsfeld, das mir die Seele raubte.
Ich habe Jahre verloren und doch so viel gewonnen, auch wenn ich es noch nicht sehen kann - ich fühle es. Die Angst hat mich an einem Ort gehalten, der nie mein Zuhause war, bei Menschen, die nicht meine Bestimmung waren. Sie zu erkennen, als lebenslange Begleiterin wahrzunehmen, hat mich von ihr befreit.
Heute sitze ich in einem Zug und weiß nicht, wo ich morgen aussteigen werde. Ich weiß nicht, wo ich wohnen werde. Ich weiß nicht, was ich arbeiten werde. Ich werde alleine gehen, denn ich habe die schmerzlichste Trennung meines bisherigen Lebens hinter mich gebracht. Ich habe die Angst losgelassen.

DIE HÄRTESTE SCHLACHT,
IST DER KAMPF
GEGEN

Mars

Sebastian

Er hat nicht zu viel versprochen. Es gibt einen Unterschied zwischen kein Leben oder keine Zukunft haben und sterben. Das habe ich an jenem Abend verstanden. Ich bin schon Jahre fort und schmecke trotzdem die Angst noch immer auf meiner Zunge.
Die schwarzen Sterne haben mich in die Unterwelt geführt und würden somit das Versprechen, das die Dunkelheit bei meiner Geburt gab, endlich wahr machen. Sie hatte mich in Sicherheit gebracht. Sie hatte mir Schutz geboten und mich vorbereitet. Vorbereitet auf alles, was ich noch erleben werde. Wer weiß schon, wie viel das noch sein wird.
Sie hatte mir die Sterne geschenkt, als ich einsam war und übergab mich letztlich meiner Bestimmung. Meiner wahren Familie. Meinem Rudel bluthungriger Streuner auf der Suche nach ihrem Leitwolf.
Ich bin 18 Jahre alt und wir jagen in der Nacht. Die Dunkelheit ist unsere größte Vertraute und wir meiden den Mond. Wir gleiten wie Schatten zwischen den Fassaden hindurch, sind hier und

da und überall.
Sie sind schwer zu bändigen, doch mir gehört ihr Herz. Ich habe sie selbst erwählt, wie er einst mich erwählte. Sie folgen mir und ich folge dem Gesetz der Hungernden. Wenn nötig sind wir tückisch, wenn nötig sind wir brutal, wenn nötig sind wir bereit.
Gut abgerichtet und brav erzogen, alle diese Straßenhunde. Mit Ausnahme von einem. **I build myself!**

Wie du gut erkannt hast, hat unser Held eine ganz schöne Wandlung vollzogen. Von der süßen Brillenschlange zu einem hageren Schatten dessen, was er hätte werden können. Gleichzeitig stärker, als man ihm je zugeschrieben hat.
Denk mal darüber nach, wer du heute wärst, wenn ein oder zwei Dinge in deinem Leben anders gelaufen wären.

____

____

Kennst du das Sprichwort: "*Der Körper ist der Spiegel zur Seele.*"?
Wie würdest du deine Seele beschreiben, wenn du jetzt einen Blick in den Spiegel wirfst?

____

Ich bin 18 Jahre alt und ich habe die Liebe gefunden. Ich habe von ihr gekostet und bin von ihr vergiftet worden. Ein Mädchen, so unschuldig und zart anzusehen, so anmutig und schön, doch kalt und hässlich im Innern. Vielleicht brannte meine Liebe zu heiß. Vielleicht hat mein Feuer es verzehrt. Vielleicht war es auf der Suche nach der Kälte in meinen Augen und ist an meinem wahren Ich zerlaufen. Bevor die Eisprinzessin in ihrer Trauer ertrinkt, zieht sieh gen Eiszeit und ich lasse sie gehen. All die Frauen. Ich lasse sie gehen. Zu meinem Schutz. Zu ihrem Schutz.
Ich entwinde mich der Illusion der Nähe und flüchte mich in die Loyalität. Keine Liebschaft kann mir geben, was mir meine Familie gibt. Niemand anders wird je verstehen können, was in mir vorgeht.
Und egal, was sie versuchen werden, ich habe meine Tore geschlossen.

Was empfindest du, wenn du an deine erste Liebe denkst?

Hagalaz

Prüfe deinen

Hagalaz

Jana

Komisch. Das ist die beste Beschreibung für meine aktuelle Verfassung. So halbgar. Ich reise und bin noch nicht sicher, wohin mein Weg mich führen wird, allerdings weiß ich, dass es kein Zurück gibt.

Das erste Mal, dass mir das so schmerzlich bewusst wurde, war, nachdem ich aus einem sehr lebendigen Traum hochgeschreckt bin. Die Erinnerung trifft mich so schlagartig wie dieser verhängnisvolle Morgen und plötzlich bin ich wieder zehn. Ich schrecke in meinem Zimmer auf. Durchs Dachfenster fällt das fahle Licht des Morgensterns auf meine tränengefluteten Wangen. Ich lande auf bebenden Sohlen und tappe ins Schlafzimmer meiner Eltern. Mama wird das perfide Grinsen von der Fratze des Augur wischen, Völva darum bitten, noch ein paar Jahre Aufschub zu gewähren, Phytias giftiges Maul mit einem Apfel stopfen und mich aus der Traumwelt zurück in die Wirklichkeit geleiten.

Ich schaue auf ihre Bettseite. Die ist leer. Der metallische Ton des alten Fernsehers lockt mich durch den schmalen Gang ins Wohnzimmer.

Unterwegs durch die Finsternis, holen mich die Orakel zurück in die Anderswelt.
Der Duft von Bergheu erfüllt meine Lungen und das Lachen der kleinen Yvonne schallt durch den Heustock. Durch die Dachluke kann ich zur Box meines Wallachs Cappuccino sehen, wenn ich mich auf den Bauch lege und meinen Kopf durchstecke. Er kaut auf einem Strohhalm herum und in mir wächst die Glückseligkeit. Plötzlich vibrieren die alten Holzplanken unter mir und die Schritte meiner Mutter erschüttern meine Welt. "Hier ist er.", sagt sie und öffnet die Boxentür. Mein Pferd hebt den Kopf und in seiner Blesse sehe ich Hels sanftes Gesicht. Sie spiegelt sich seiner Sklera und ich erkenne, das auch Mama machtlos ist. "Sie können ihn direkt mitnehmen.", sagt sie zu einem hageren Fremden. Yvonnes Lachen ist verstummt, die Vögel bedecken die Welt mit Schweigen und die Herde hält den Atem an. Es sind nur ein paar kleine Schritte ...
Und ich stehe zitternd im Wohnzimmer, sehe meine Mama zusammengekauert auf dem Sofa sitzen und schreie sie an, dass sie mir sagen soll, dass es meinem Cappuchino gut geht. Dass er ewig leben wird und mich für immer durch die Welt trägt. Sie sitzt nur da, die Arme um ihre Beine geschlungen und sie sagt mir nicht, dass

ich nur geträumt habe. Ich schreie weiter, will, dass sie irgendeine Reaktion zeigt und werde mir Minuten später wünschen, sie wäre einfach sitzen geblieben.
"Komm, mein Kind", flüstert sie, nachdem sie sich schwerfällig aufgerafft hat. Sie nimmt mich bei der Hand und will mit mir zurück in mein Zimmer gehen. Ich kann nicht mehr abwarten, ich muss wissen, dass ich ihn immer noch sehen kann. Dass niemand ihn mir wegnimmt. Schließlich bleibt sie in der Finsternis stehen und wispert: "Er ist heute Nacht gestorben."

Meine Welt zerbricht. In diesem Moment erneut. Mein Blick schweift durch die Zugscheibe in die Dämmerung. Die ersten Sterne zeigen sich am Firmament und ich vermisse meine Mum. Mein halbes Leben lang habe ich ihr die Schuld an einem ihrer ohnmächtigtsten Momente gegeben und bin insgeheim immer noch dabei. Ich wische den Gedanken und damit auch den Geschmack des Todes aus meiner Sphäre. Zurückblicken holt die Vergangenheit nicht wieder und trübt meinen Blick für die Zukunft. Eines Tages werde ich loslassen können, verspreche ich.

Plutos

Sebastian

Es hat eine Weile gedauert. Aber irgendwann bin ich eins mit ihr geworden. Meine Seele so schwarz wie alles um mich herum, mein Herz verdorrt.
Heute ist sie mein Element. Die Dunkelheit. Ich regiere die Nacht und funktioniere am Tag. Ich mache, was getan werden muss. Ich bin der Schatten, vor dem ich mich gefürchtet habe.
Nur bin ich viel schneller. Ich kann schon lange nicht mehr unterscheiden, wer hier wen jagt und ich habe keine Zeit darüber nachzudenken.

Ich bin älter geworden. Ich bin gewachsen. Ich bin stärker geworden. Und dennoch kann ich mich nicht von ihr befreien. Sie hält mich in ihren bittersüßen Fängen, flüstert mir leidvolle Entschuldigungen ins Ohr, mahnt mich, sie könne mich jederzeit gänzlich verschlingen.
Und ich folge ihr. Weil ich ihr folgen muss. Weil ich ihr folgen will. Weil sie meine letzte Chance ist. In ihr liegt der Schlüssel. Sie ist die Einzige, die mir geben kann, was mir niemand sonst geben kann. Meine Freiheit.

Ich löse mich täglich mehr auf, gehe in ihr unter, vergehe im Nebel überm Wald. Es ist Zeit. Zeit loszulassen. Zeit, mit ihr zu gehen. In die Schwärze. In die Ruhe. Dorthin, wo ich die Schreie nicht mehr hören kann. Dort, wo es keine Luft gibt, in der Blut so leicht allzu schwer in lauen Sommernächten verhängt ...
"Es ist nur ein kleiner Schritt.", haucht sie mir ins Ohr. Ich richte den Blick gen Himmel und sehe die Unendlichkeit.
"Ich weiß!", meine Stimme verhallt im leeren Raum. Die Sterne sehen auf mich herab, strecken ihre gequälten Glieder nach mir aus, streichen mit zitternden Fingern aus fahlem Licht über die tiefen Falten meiner Stirn. Mahnen mich, weiterzugehen. Nacht für Nacht, Tag für Tag. In der Hoffnung, dass es einer von uns schafft.

Ich regiere mit harter Hand, doch kann ich die Frau nicht kontrollieren, die ich mir genommen habe. Im Wissen, nie die Gefährtin zu finden, die nicht an meiner Liebe verbrennt, lud ich eine Katastrophe in meine Wohnung ein. Sie lebt bei mir, doch lebe ich nicht mit ihr. Sie ist die Begründung, keine ernste Bindung einzugehen. Sie ist das Opferlamm.
Mein Rudel fletscht die Zähne, wenn es in die

Nähe kommt, aber keiner wagt, es anzugreifen. Es hat Narrenfreiheit, solange ich will. Ich bin wachsam und merke mir jeden Fehltritt und langsam bin ich es leid, es zu retten.
Drei Jahre lebt der Wolf im Schafpelz mit mir ohne zu wissen, wem er gegenüber steht. Drei Jahre lebt diese Frau mit mir, ohne zu fragen, wer ich bin. Ich kaufe ihr einen Ring und biete ihr ein Leben. Sie wirft es weg und ich bin dankbar. Dankbar, dass man sie aus meinem entfernt. Dankbar, dass aus Feind mal Freund werden kann und früher oder später jede Maske fällt. Sie ist dort, wo sie hingehört und ich lache Freudentränen, als dicke Tinte aufs Papier tropft und ich schwungvolle Buchstaben aufs Briefpapier zaubere.
Der Ring liegt irgendwo in der Kanalisation, in der Scheiße, in die er gehört und meine Abschiedsworte machen sich auf den Weg in ein kleines Zimmer ...

"Все вудет хорошо, маленький Принц!" Das tiefe Vibrieren seiner Stimme versetzt mich in Ruhe und ich weiß, dass er recht hat. Jetzt wird alles gut. Ich habe meine Entscheidung getroffen.

Der Sinn des Lebens

Iduna

Jana

Ich fahre in mein neues Leben, gezeichnet vom alten. Doch ich spreche nicht von den Narben auf meiner Haut, nicht vom Bluten meines Herzens oder der Leere meiner Seele. All das trage ich mit mir, aber ich werde es nicht leben. Ich lebe, was ich daraus gelernt habe.

Die Morgensonne küsst den Bahnhof und ich mache mich auf den Weg. Allein, doch nicht einsam. In den letzten vierundzwanzig Jahren war ich auf der Reise zu mir selbst, bin durch tiefe Sümpfe gewatet, habe Berge bezwungen und bin mehr als einmal abgestürzt. Ich habe geliebt und gehen lassen, habe mich verloren, neu definiert, wieder aufgegeben und im letzten Moment die Reißleine gezogen.

Ich bin bereit für den Tag und bereit, für alle, die noch kommen mögen. Ich fühle mich stark, sicher bei mir und ich habe endlich wieder Appetit. Aufs Leben. Aufs Essen. Auf die Lust und die Liebe.

Ich habe Essen schon immer geliebt, doch seit ich wieder weiß, was Leben eigentlich bedeutet,

ist meine Beziehung dazu ganz besonders.
Eine Liebe, die keinen Platz in meiner vorherigen Beziehung gehabt hätte. Eine kleine anfängliche Leidenschaft, die zum Streitthema wurde, obwohl sie niemandem etwas nehmen wollte. Ein unschuldiges Bedürfnis, das zu einem Staatsakt gemacht wurde.
Kurz vor meiner Scheidung habe ich begonnen, meiner Kindheitsleidenschaft wieder nachzugehen. Dem Kochen und Backen. Man sollte meinen, dass das in einer Partnerschaft gewinnbringend für beide Seiten und um ihretwillen sein könnte, aber die Theorie unterscheidet sich nunmal von der Praxis.
Je mehr ich mich mit Lebensmitteln beschäftigte, desto klarer wurde mir, dass ich Neues ausprobieren wollte. Ich hatte die Nase gestrichen voll von Joghurt und Nudeln in Sahnesoße und Pizza vom Lieferdienst. Ich wollte die Welt kosten und die Farben schmecken. Und ich wollte kein Teil der Tierindustrie sein. Nicoles Geschichte über den fleischessenden vegetarischen Kuhtierarzt hat mich eines gelehrt: Was bin ich für ein Heuchler, wenn ich auf Gleichheit plädiere und Ausbeutung unterstütze? Mein Mann wollte nichts von alledem wissen.
Ich wurde unbequem, brachte sein Weltbild ins Schwanken, funktionierte nicht wie gewohnt.

Das Türmchen, das wir uns gemeinsam erbaut hatten, geriet ins Wanken und bei jedem Sturm, jedem Wind neigte er sich mehr der Klippe der nie gefühlten Liebe zu.
Auch wenn das Essen und der Veganismus nicht der endgültige Hurrikan waren, der meine Ehe dem Erdboden gleichmachte, hatten sie doch einen gewissen Anteil daran.
Ich hebe den Kopf und sehe den schmalen, verschlungenen Weg vor mir. Die Ruhe nach dem Sturm hüllt die Welt in glitzernden Schimmer und bringt Frieden in meinen Kopf.

Essensumstellungen kennzeichnen manchmal auch soziale Veränderungen. Jeder kennt doch das Klischee, dass die neue Frisur auf eine Affäre oder Trennung hindeutet, oder?
Aber hast du dir schon mal genau überlegt, was deine Esskultur eigentlich mit deinen Beziehungen zu tun hat?
Gibt es eine Beziehung, die durch dein Essverhalten oder das deiner Bezugsperson Schaden genommen oder sich positiv verändert hat?

Egal, wie finster die Zeiten sind
Bewahre stets deine
_ _ _ _ _ _ _ _ _

Heimdall

Sebastian

Als ich mein Haupt das erste Mal der Sonne entgegen richte und festen Trittes meinen Aufstieg in die Oberwelt antrete, denke ich an all jene, die mich inzwischen als funkelnde Sterne am Himmel begleiten. Ich habe keine Angst mehr vor der Nacht, warum sollte ich sie vor dem Tag haben?
Ich mag vielleicht mein Rudel verlassen haben, aber die Seelen lassen mich nie im Stich. Friss oder stirb, in dieser Welt wurden wir groß und nun verlässt der Ungekrönte den Palast.
Ich wollte sie mitnehmen, sie vor ihrer eigenen Leere retten. Ich hätte ein sicheres Revier für uns gefunden. Doch sie konnten nicht über die Grenzen unseres Viertels blicken.
Ich bin 24 Jahre alt und ich habe gelernt loszulassen. Wer meine Hand nicht nimmt, um den Weg mit mir zu gehen, ist besser allein dran. Und ich bin es in dem Fall übrigens auch.
Ich bin ein einsamer Wolf auf der Suche nach einer neuen Heimat. Ich habe meine Stärke gefunden und die erste Hürde genommen, auch wenn ich noch nichts fühlen kann. Meine Seele

ist im loderten Feuer seiner Augen verbrannt, als er mich unter seine Fittiche nahm, mich formte, mich zu seinem Eigen machte und die größten Hoffnungen in mich setzte.
Ich war sein Prinz und er mein Lehrmeister, unsere zarten Bande brannten hell und gefährlich hoch. Wir glaubten ewig zu sein wie die Finsternis, doch seine Nachfolge war nicht mein Schicksalspfad.
Der Schmerz war so stark, dass er selbst meine tote Seele zum Schreien brachte. Ich muss verlassen, was mich großgezogen hat, um leben zu können. Ich nehme alles, wofür ich gelitten, geblutet und gekämpft habe und kaufe mich frei. Seine Lippen bleiben stumm, als ich den Koffer auf den Tisch lege, doch seine schwarzen Augen sprechen Bände. Und ich erkenne, dass er von Anfang an recht gehabt hatte. *Es wird alles gut, kleiner Prinz.*
Ich bin nicht mehr der, der ich mal war, aber ich möchte endlich der sein, der ich von Anfang an gewesen bin. Und endlich spüre ich sie wieder. Sie, die ich verloren geglaubt. Die Hoffnung. Sie küsst mich und sagt mir, dass sie nie wirklich weg war. Ich hätte nur eine Weile gebraucht, um sie wieder erkennen zu können.
Ich sitze. Im Zug. Nach München. Allein. 24 Jahre alt, 50 Kilogramm schwer und die Tragik

im Herzen. Mit nichts als meiner Kleidung am Leib. Ich habe alles zurückgelassen und sie ließen mich gehen. In der Hoffnung, dass es einer von uns schafft.

Was, wenn du feststellst, dass du die Umstände für den Bau deiner Pyramide nicht verantworten willst und vor der Entscheidung deines Lebens stehst? Gibst du deine Sicherheit, dein soziales Umfeld und deinen Status auf, um allein die Leiter der Individualbedürfnisse hinaufzuklettern und dich in der Sonne der Selbstverwirklichung zu finden? Denk mal an unseren kleinen Kämpfer.

Extrablatt:

Was würdest du an seiner Stelle tun?
Was würdest du ihm mit auf den Weg geben?

Was ist die eine Sache, die dich schon dein
Leben lang antreibt?
Wer bist du?

YMIR

und führe mich (nicht) in

Ymir

Sebastian

Wer ist der Prinz ohne sein Gefolge? In einer fremden Welt, die so anders und zeitgleich gleichsam aussieht. An einem Ort, der zwar bekannt, doch nicht die Heimat ist.
Ich habe geopfert, was ich mir aufgebaut, erreicht, worauf ich hingearbeitet habe und mit den Sternen vor Augen ihr Leuchten vergessen.
Was von mir bleibt ist der Schatten. Das kleine, rohe Ich. Endlich frei. Unbedroht. Doch verloren und schutzlos. Orientierungslos am Tage, schlaflos in der Nacht.
Und da schleicht sie um die Ecke. Auf leisen Pfoten, die messerscharfen Krallen noch eingezogen. Meine Begleiterin aus Kindertagen. Zähnebleckend steht sie vor mir, heißt mich willkommen in meiner neuen Welt. Die Angst. Sie nähert sich dem Feuer und beginnt mit ihm zu Tanzen.
Mit meinem Rudel war ich stark, doch mit der Angst an meiner Seite bin ich unbesiegbar. Ich habe gelernt, zu überleben, bin geschickt darin geworden, mit der Dunkelheit zu verschmelzen und doch sehne ich mich nach einem Men-

schen, der mir den Weg weisen kann.
Und wie es das Schicksal will, wartet der Prinz nicht lange auf seinen Berater. Er löst sich aus der Dunkelheit und baut sich imposant vor dem traurigen Rest meines Körpers auf. Im Schein des verblassenden Blutmondes wirkt er wie ein Mutant aus der Feder von Stan Lee.
"Ich kann dich lehren, aus deinem Schatten herauszuwachsen. Ich bringe dich ins Bühnenlicht.", er streckt mir seine tellergroße Hand entgegen. Er sieht aus wie das Monster, dass ich in meinem Inneren sehe und er wird mir zeigen, wie ich mein Inneres nach Außen kehre.
Und ich werde alles setzen, was ich noch habe. Mich.

Gerade für junge Menschen und Leute in besonderen Lebenslagen birgt Sport viel Potenzial zur Persönlichkeitsentwicklung und mentalem Ausgleich. Warum hast du (nicht) mit Sport angefangen?

"Bodybuilding ist ein einsamer Pfad.", seine dunkle Stimme dröhnt durch meine Gehörgänge. "Es ist ein Sport der Neider und der Hater. Wenn du nicht auf der Hut bist, wirst du gefressen. Du kannst niemandem trauen, außer deinem Coach. Und du weißt ja...", er zwinkert

mir zu und sein Gesicht verzieht sich zu einer ulkigen, jokerartigen Fratze. "Und eines kannst du dir gleich aus dem Kopf schlagen: die Weiber. Die halten nur auf und nörgeln rum. Du musst dich auf dein Ziel fokussieren."
Ich nicke. Der Plan eines Familienlebens treibt irgendwo in der Kanalisation und ich weiß, ich werde mich nie wieder verbiegen.
"Worauf warten? Das ist der Weg, den ich gehen werde!"
Aus dem Schatten des Kronprinzen, der das Licht der Sterne verloren hatte, sollte nun also der strahlendste Bodybuilder aller Zeiten werden. Koste es, was es wolle. Ich wähle Masse statt Klasse, denn den bitteren Preis meines Stratums war ich nicht mehr bereit zu bezahlen.
So gab ich meinen Stand letztlich auf, um ...
auf der Suche nach der Gemeinschaft der Bodybuilder aus der Ära der Legenden zu gehen, verliebt in den Schmerz, bereit für meinen Traum mein Leben nochmals zu opfern.

Hast du dir schonmal die Frage gestellt, was dir dein Leben wert ist?

Quod sis, esse velis, nihilque malis

Martial, Epigramm X,47,12 | Jana

"Komm, ich zeig' dir die heißen Jungs!", quietscht sie und hüpft vor mir die Kellertreppe hinunter. Ich bin gerade in München angekommen und habe ehrlich gesagt absolut kein Interesse an heißen Jungs.
Meine neue Mitbewohnerin ist sehr engagiert darin, mir das Haus zu zeigen. Sie ist ein süßes Ding. Ein bisschen verrückt und viel trauriger, als ihr glitzerndes Erscheinungsbild mit den pinken Strähnen in den langen dunklen Haaren und ihrem herzerwärmenden Lachen erahnen lässt.
"München wird dich fressen und nicht wieder ausspucken!" Die Stimme hallt in meinem Kopf nach. Ich habe nicht gezählt, wie viele mir davon abgeraten haben, alleine nach München zu ziehen.
Ich halte einen Moment inne. Warte. Doch sie zeigt sich nicht. Sie schlummert tief verborgen, gönnt sich ihre wohlverdiente Pause, nachdem ich sie endlich freigelassen hatte. Die Angst.
Ich sehe noch, wie die letzte pinke Strähne in

einem dunklen Raum verschwindet und richte meine Aufmerksamkeit wieder ins Hier und Jetzt. Willkommen, neues Leben, hallo, neues Zuhause. Schön, dass ich es bis hierhin geschafft habe. Die Quote stand gegen mich.
Ich betrete das dunkle Kellergym und verliere mich in den Tiefen dieser Iriden. Endlos schwarzstechend, geflutet von Wellen aller Weltmeere, galaxieblau. Zerschlagene Erhabenheit, unbrechbar zugleich. Das Leuchten seiner toten Augen flutet den Raum und erfüllt mein Herz. Es legt die warme Decke der Gewissheit über mich.
Ein letztes Mal regt sich die Angst. Räkelt sich, streckt sich, gähnt. Ihre scharfen Zähne blitzen in der Schwärze meiner Seele. Ihre brennenden Augen fixieren mich. Sie schlägt ihre Lider nieder, schnurrt: "Jetzt bist du angekommen." Ihr Feuer erlischt und ich weiß, jetzt bin ich sicher.

Wovor hast du Angst?

Wie stark ist dein Rudel?

Zerbricht dein Innerstes am Spiegel?

Wofür lebst du?

Gratulation! Du hast das erste Etappenziel von WarriorWays erreicht. Wir sind gespannt, was du dir daraus mitnehmen und welche Erkenntnisse du über dich selbst und vielleicht auch dein Umfeld gewinnen konntest.
Bist du dem kleinen Forscher bereits auf seiner Entdeckungsreise durch die Portale auf www.js-veggycoaching.de/warriorways gefolgt, hast deine ersten AlleyCoins gesammelt, das digitale Rezeptbuch "Warrior's Wilder Wegproviant" gefunden und bist mit Warri0rWorkout Vol. I so richtig ins Schwitzen gekommen?

Falls nicht, kannst du die folgenden Seiten natürlich trotzdem effektiv nutzen:
1. Seite: Glaubenssätze aus der Kindheit sammeln und festhalten
2.+ 3. Seite: alten Glauben übernehmen und nach persönlicher Kultur und Lebensbedingungen anpassen
4. Seite Genusstagebuch - Notiere deine Genussmomente
5. + 6. Seite: Trainings- und Gymbook zur Fortschrittskontrolle
7. Seite: Brief an dich selbst in einem Jahr

BAUER UND BARTH

1993 wird Sebastian als Arbeiterkind im bayrischen Wald geboren.
1994 erblickt Jana im Allgäu in einer mittelständischen Familie das Licht der Welt.

2017 heiratet Jana und Sebastian löst seine Verlobung.

Auf den Wegen der Autoren konntest du dich bei WarriorWays hoffentlich selbst (wieder) finden.

2019 kreuzen sich die Wege nach unzähligen Wirrungen in München.

Wie es weitergeht, erfährst du in WarriorWays Vol II.

Jana und Sebastian leben in Bad Homburg bei Frankfurt am Main, arbeiten freiberuflich als Ernährungsberaterin, Personal Trainer for Medical Fitness und Dogwalker.

Loved this book?
Why not write your own at story.one?

Let's go!